BEI GRIN MACHT SICH IHR
WISSEN BEZAHLT

Marktanalyse für ein Premium Fitnessstudio in Hannover. Analyse der Positionierung und Strategie

Lukas Faria

Bibliografische Information der Deutschen Nationalbibliothek:

Die Deutsche Nationalbibliothek verzeichnet diese Publikation in der Deutschen Nationalbibliografie; detaillierte bibliografische Daten sind im Internet über http://dnb.d-nb.de abrufbar.

ISBN: 9783346416513
Dieses Buch ist auch als E-Book erhältlich.

Druck und Bindung: Books on Demand GmbH, Norderstedt Germany
Gedruckt auf säurefreiem Papier aus verantwortungsvollen Quellen

Das vorliegende Werk wurde sorgfältig erarbeitet. Dennoch übernehmen Autoren und Verlag für die Richtigkeit von Angaben, Hinweisen, Links und Ratschlägen sowie eventuelle Druckfehler keine Haftung.

Das Buch bei GRIN: https://www.grin.com/document/1019718

Deutsche Hochschule für
Prävention und Gesundheitsmanagement
Hermann Neuberger Sportschule 3
66123 Saarbrücken

Hausarbeit (kollektive Prüfungsleistung)

Name, Vorname Faria, Lukas

Modul Marketing 1

Studiengang	Sportökonomie
Datum Präsenzphase	20.11.2017 - 22.11.2017
Studienort	München
Gruppe bzw. zu bearbeitende Stadt	Hannover
Unternehmenstyp*	**Premium-Segment**

* abhängig von Aufgabenstellung: jeweils den zu bearbeitenden „Unternehmenstyp" eintragen

Inhaltsverzeichnis

1 Marktbeschreibung/-analyse

1.1 Allgemeine Informationen über den Unternehmenstyp

Das Fitnessstudio im Premium-Segment soll speziell Berufstätige und Studenten im Alter von 20-50 Jahren ansprechen und ihnen die Möglichkeit geben, ihre Ziele hinsichtlich des Trainings (Muskelaufbau, Gewichtsverlust) zu erreichen und sich vom Alltag auszuklinken und abzuschalten. Durch den durchschnittlich hohen Beitrag sollen vermehrt Menschen aus reicheren Schichten Hannovers angesprochen werden, die sich die verschiedenen Pakete (siehe Tabelle 1, Kapitel 1.1) ohne Probleme leisten können und auch etwas mehr Geld in ihren Körper und ihre Gesundheit durch das großzügige Angebot an Trainingsbereichen und der großen Wellnessarea investieren wollen.

Hieraus stellt sich auch die Positionierung des Unternehmens dar. Diese Leute sollen sich im Studio wohlfühlen und die Leistungen und den Service bekommen, für den sie zahlen. Berufstätige z.B. können nach einem anstrengenden Arbeitstag mit einem Personal-Trainer zusammen trainieren und/oder nach der Anstrengung im Wellness-Bereich zur Ruhe kommen und abschalten und sich vom Alltag ablenken lassen. Auch Familien, speziell Mütter mit Kindern, haben eine reiche Auswahl an Krafttrainingsmöglichkeiten oder das vielfältige Kursangebot und nutzen dabei den Vorteil der hauseigenen Kinderbetreuung.

Schließlich ergibt sich daraus eine Übersicht der Produkt-, Preis und Distributionspolitik, die im Folgenden tabellarisch dargestellt wird.

Tabelle 1: Übersicht der Produkt-, Preis- und Distributionspolitik

Preispolitik
Ausdauerbereich (Ergometer, Stepper, Laufbänder sowie Rudermaschinen)
Krafttrainingsbereich
• Krafttraining an Maschinen + Freihantel
• Mattenbereich für Bodenübungen
• Zirkel- und Functionaltrainingsarea (Swing Ropes, Rennbahn z.B.)
• Personal-Training (optional buchbar)
Kursbereich
• (Step-)Aerobic, Langhanteltraining
• HIIT, Core Training, FAT, Zirkeltraining
• Yoga, Pilates, WSG, Nordic Walking
• TRX
• Indoor Cycling
Wellness- und Servicebereich
• Getränketheke
• Kinderbetreuung
• Verschiedene Saunen + Ruheraum

- Massageraum (optional buchbar)
- Whirlpool

Räumlichkeiten

- 7.000m^2 Trainings- und Wellnessfläche
- Tiefgarage mit 100 Parkplätzen
- Getrennte Umkleiden inkl. Duschen und Toilette
- 2 große Kursräume, 1 TRX-Raum für 15 Mitglieder und 1 Indoor Cycling Raum mit 30 Fahrrä-
  dern

Distribiutionspolitik

Abschluss der Mitgliedschaften vor Ort (direkter Absatz)

Strategische Standortwahl nach Wohnort und schnelle sowie bequeme Erreichbarkeit der Zielgruppe

Preispolitik

Verträge

- 6-Monats-Vertrag: 120€/Monat
- 12-Monats-Vertrag: 100€/Monat
- 24-Monats-Vertrag: 80€/Monat
- Studenten/Schüler/Azubi (6 Monate):60€/Monat
- Aufnahmegebühren (einmalig): Erwachsener 300€, ermäßigt 150€

Stempel- und Gutscheinkarten

- 10er-Karte: 250€ (nur Trainingsfläche + Kursangebot), 350€ (+gesamter Wellnessbereich)
- Geschenkgutschein: 1 Gratis Training (Fläche + Kurs) für 100€ → bei Anmeldung Erlass der
  Servicegebühr

1.2 Lage und Standort des Unternehmens

Das fiktive Premium Fitnessstudio liegt in der Stadt Hauptstadt des Bundeslandes Nie-
dersachen Hannover, genauer im Stadtteil Bult. Das Studio befindet sich in der Hans-
Böckler-Alle 1, 30173 Hannover.

Der hannoversche Stadtteil Bult befindet sich im Osten der Stadt, jedoch noch sehr zent-
ral gelegen und grenzt an die Stadtteile Südstadt-Bult im Westen, das den Stadtteil Bult
mit beinhaltet, Waldheim im Süden, Kleefeld im Osten und das Zooviertel im Norden.

Die Hans-Böckler-Allee verläuft im Stadtteil Bult im Norden und geht Richtung Hannover Zentrum am Braunschweiger Platz in die Marienstraße, Richtung stadtauswärts in
die Scheidestraße im Stadtteil Kleefeld über.

Nicht einmal 2 Minuten vom Standort des Fitnessstudios entfernt verläuft eine Bundes-
straße im Nord-Osten Hannovers, die im Autobahnkreuz Hannover-Buchholz (A2) in
die A37 mündet. Dieses Kreuz ist gerade einmal 7min entfernt und stellt für Pendler

und in den nördlichen sowie östlichen Randgebieten lebenden Menschen optimale Bedingungen für einen schnellen und vor allem direkten Weg zum Studio her.

Desweiteren liegt das Studio unmittelbar am Braunschweiger Platz, der nur 1 Minute Fußweg vom Studio entfernt ist und sowohl am Bus- als auch am U-Bahnnetz Hannovers angeschlossen ist. Die U-Bahn Linien benötigen nur 11 Minuten zum Hauptbahnhof und verlaufen in alle Himmelsrichtungen stadtauswärts. Somit kann der Standort auch von öffentlichen Verkehrsmitteln einfach und direkt angesteuert werden.

1.3 Bestimmung von zwei Marktgebieten

Im Folgenden werden die mit der Zeit-Distanz-Methode errechneten Marktgebiete grafisch dargestellt. Dabei wird das Marktgebiet 1 (grün) mit einer Anfahrtszeit von 6 Minuten, das Marktgebiet 2 (rot) mit einer Anfahrtszeit von 12 Minuten gekennzeichnet. Zu beachten ist, dass die Messung der Anfahrtszeit mit dem PKW (max. Geschwindigkeit: 50km/h) in der Hauptverkehrszeit sowie aus allen Himmelsrichtungen berechnet wird. Im Marktgebiet 1 verdeutlicht die Zahl 1 das eigene Unternehmen (siehe Kapitel 1.2, Lage und Standort des Unternehmens), die Zahl 2 den Mitbewerber „EasyFitness" und die Zahl 3 den Konkurrenten „Kieser-Training Hannover Mitte".

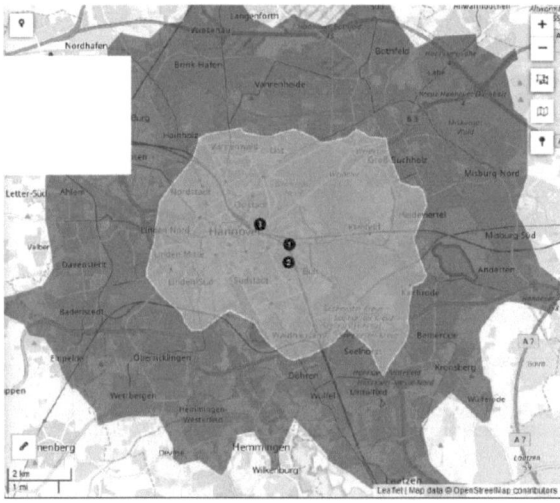

Abbildung 1: Grafische Darstellung der Marktgebiete in Hannover (Open Route Service, 2017)

1.4 Makroumfeldanalyse und Abschätzung des Marktpotenzials

Im Folgenden werden der Kaufkraftindex, die Arbeitslosenquote und die Altersverteilung der Stadt Hannover sowie die Einwohnerzahl der in den Stadtteilen der Marktgebiete lebenden Menschen tabellarisch dargestellt.

Tabelle 2: Kaufkraftindex der Stadt Hannover 2016 (eigene Darstellung)

Kaufkraftindex der Stadt Hannover (Stand 01.01.2016)		
Gebiet/Region	**Kaufkraftindex (in %)**	**Anmerkung**
Hannover	101,9 (1)	Marktgebiet 1 & 2
Niedersachen	97,9 (2)	Bundesland als Vergleichswert
Deutschland	100	Deutschland als Vergleichswert

Quellen:
(1) Eigene Darstellung in Anlehnung an Industrie- und Handelskammer Hannover, 2016
(2) Eigene Darstellung in Anlehnung an GFK Kaufkraft, 2016

Tabelle 3: Arbeitslosenzahlen der Stadt Hannover 2016 (eigene Darstellung)

Arbeitslose	Dezember 2016	
(absolut und in Prozent an der jeweiligen Bevölkerungsgruppe)	absolut	in % der jeweiligen Bev.-Gruppe im erwerbsfähigen Alter
Arbeitslose insgesamt	24.873	7,0
im Alter von unter 25 Jahren	2.070	4,2
Im Alter von 55 Jahren und älter	4,206	5,6
Erwerbsfähige Hilfebedürftige (SGB II)	20.104	6,6

Quelle: Hannover, 2017

Tabelle 4: Altersverteilung der Stadt Hannover 2016 (eigene Darstellung)

Bevölkerung am Ort der Hauptwohnung	31.12.2016	
	absolut	in % der Einwohner/innen
insgesamt	**540.961**	**100,0**
Unter 3 Jahren	15.944	2,9
3 bis 5 Jahre	13.855	2,6
6 bis 9 Jahre	18.286	3,4
10 bis 17 Jahre	34.473	6,4
18 bis 29 Jahre	97.904	18,1
30 bis 44 Jahre	115.816	21,4
45 bis 59 Jahre	114.175	21,1
60 bis 64 Jahre	29.020	5,4
65 bis 74 Jahre	46.286	8,6
75 Jahre und älter	54.932	10,2
Bevölkerung mit Migrationshintergrund	162.237	30,0
davon Ausländerinnen und Ausländer	94.120	17,4
Deutsche mit weiterer Staatsangehörigkeit	68.117	12,6

Quelle: Hannover, 2017

Tabelle 5: Einwohnerzahlen der innerhalb des Marktgebietes 1&2 liegenden Ortschaften und Stadtteile (eigene Darstellung)

Marktgebiet 1	
Stadtteil/Ortschaft	**Einwohnerzahl (31.12.2016)**
Bult	3.074
Kleefeld	12.765
Südstadt	40.221
Zooviertel	5.053
Oststadt	14.295
Waldhausen	2.267
Waldheim	1.756
Linden-Süd	10.339
Linden-Mitte	12.356
Vahrenwald (50% im MG)	(50% von 24.812) 12.406
List (50% im MG)	(50% von 45.761) 22.881
Groß-Buchholz (50% im MG)	(50% von 27.278) 13.639
Heideviertel (50% im MG)	(50% von 5.039) 2520
Seelhorst (50% im MG)	(50% von 3.542) 1.771
Linden-Nord (70% im MG)	(70% von 16.657) 11.660
Summe	**167.003**
Marktgebiet 2	
Stadtteil/Ortschaft	**Einwohnerzahl (31.12.2016)**
Vahrenwald (50% vom MG)	(50% von 24.812) 12.406
List (50% im MG)	(50% von 45.761) 22.881
Groß-Buchholz (50% im MG)	(50% von 27.278) 13.639
Heideviertel (50% im MG)	(50% von 5.039) 2520
Seelhorst (50% im MG)	(50% von 3.542) 1.771
Linden-Nord (30% vom MG)	(30% von 16.657) 4997
Döhren	13.748
Wülfel	4.450
Hemmingen-Westerfeld	6677
Wettbergen	13.053
Oberricklingen	10.749
Badenstedt	12.409
Davenstedt	11.007
Ahlem	11.073
Herrenhausen	8.397
Leinhausen	3.213
Burg	3.842
Hainholz	7.295
Brink-Hafen	7.242
Vahrenheide	9.974
Bothfeld	20.660
Misburg-Nord	22.582

Misburg-Süd	2.831
Anderten	7.796
Bemerode	19.101
Summe	**254.313**

Quelle: Hannover, 2017

In einem zweiten Schritt soll das Marktpotenzial im gesamten Marktgebiet errechnet werden. Hierzu wird folgender Rechnungsweg aufgestellt:

Marktgebiet 1: 167.003 Einwohner

Marktgebiet 2: 178.019 Einwohner (254.313 Einwohner * 70% (Gewichtungsfaktor) = 178.019 Einwohner)

Addition beider Marktgebiete nach Gewichtung: 167.003 + 178.019 = 345.022

Einbezug des Marktpotenzials: 345.022 * 12% = 41.402 (abgerundet)

Das Gesamtpotenzial beträgt also 41.402 Einwohner.

1.5 Wettbewerbsanalyse

Tabelle 6: Wettbewerbsanalyse (eigene Darstellung)

Unternehmen	EasyFitness	Kieser-Training	Premium-Studio
Produktpolitik	• Krafttraining • Personaltraining • Kurse • Ausdauertraining • Functionaltraining	• Krafttraining an Geräten	• Krafttraining • Ausdauertraining • Kurse • Functionaltraining • Wellness- und Servicebereich • Personaltraining
Positionierung	• Spezialisiert auf ein großes Trainingsangebot besonders für junge Leute (16-40J.)	• Spezialisiert auf angeleitetes Gerätekrafttraining	• Spezialisiert auf beste Angebote und ausgezeichnetem Komfort
Stärken	• Günstige Mitgliedsbeiträge • Große Auswahl an Trainingsmöglichkeiten (Kurse, Personaltraining)	• Ärztliche Praxen/Apotheken neben dem Studio • Minimaler Trainingszeitaufwand	• Vielfältige Auswahl an Trainingsmöglichkeiten und Wellnessangeboten • Große Auswahl an verschiedenen Tarifverträgen
Schwächen	• Geräte sind nicht im optimalem Zustand • Wenig bis keine gut ausgebildeten Trainer	• Kein Kursangebot, Ausdauer- oder Personaltraining • Kein Wellness	• Mitgliedsbeiträge sind überdurchschnittlich teuer • Nur bestimmtes Klientel erwünscht

Quellen: EasyFitness Hannover, 2017; Kieser Training, 2017

2 Marketingplanung

2.1 Budgetplanung

Bei meinem fiktiven Fitnessstudio im Premium-Segment betragen die erfahrungsgemäßigen Marketingkosten 60€/Neukunde. Nach dem ersten Geschäftsjahr soll die geplante Mitgliederzahl bei 1.200 Mitgliedern liegen. Folglich kommt man nach der Multiplikation dieser beiden Kennzahlen auf ein Jahresmarketingbudget von 72.000€. Dargestellt als Rechnungsweg: 60€*1.200=72.000€. Die Fluktuationsquote bleibt im ersten Geschäftsjahr unberücksichtigt, da es sich um eine Unternehmensneugründung handelt.

2.2 Kommunikationspolitik

Für die Vermarktungskampagne, die zwei Monate vor der eigentlichen Unternehmenseröffnung (01.09.2018) beginnt, werden neben der Werbung zwei weitere Instrumente aus der Kommunikationspolitik ausgewählt, um schon viele neue Mitglieder vor der Eröffnung zu gewinnen. Damit das Ziel von 200 neuen Mitgliedern erreichen werden kann, wird zusätzlich eine „verbrauchergerichtete Verkaufsförderung" (Studienbrief-Marketing 1, 2017, S.96) in Form eines Gutscheins auf einem Flyer für einen Freimonat sowie Online-und Social Media Marketing durch eine eigene Homepage und einen Account bei Facebook betrieben.

Tabelle 7: Übersicht des Kampagnenziels (eigene Darstellung)

Kommunikationsinstrument	Ziele
Werbung	• Aufbau eines Unternehmensimages • Bekanntmachung + Information über Produkte und Leistungen • Stärkung des Vertrauens in das Produkt und die Leistung
Verkaufsförderung	• Unterstützung des Verkaufs • Wiedergabe von Informationen über das Studio
Online- und Social Media Marketing	• Aufbau einer Marke • Förderung der Marke und des daraus folgenden Markenimages • Übersicht der allgemeinen Angebote, Leistungen und Produkte • Absatz und Bekanntheit steigern durch Zielgruppenerschließung

Tabelle 8: Übersicht des Kampagneninhaltes (eigene Darstellung)

Werbung
Plakat an Plakatwand:

Plakat an Plakatwand:

- Plakat nach der AIDA-Formel gestalten und drucken lassen
- Plakat an der angemieteten Plakatwand aufhängen
- Plakat soll interessanten Eindruck hinterlassen und die Leute motivieren, sich zu informieren

Anzeige in der HAZ:

- Anzeige für die HAZ schreiben und gestalten
- Anzeige wird auf der 5. Seite der Zeitung positioniert und Kunden über das Studio informieren

Flyerverteilung:

- Flyer werden nach der AIDA-Formel gestaltet und gedruckt und vor Einkaufszentren/Supermärkten durch teameigene Mitarbeiter an die Leute verteilt
- Auf den Flyern ist ein Gutscheincode für einen Freimonat zu sehen, den man in der Filiale bei einem Vertragsabschluss einlösen kann
- Flyer sollen den Vorverkauf an Verträgen fördern und über das Studio informieren

Verkaufsförderung

- Die verbrauchergerichtete Verkaufsförderung soll die Kunden durch Aktionen, Rabatte und/oder Gutscheine zu einem Kauf motivieren
- Der Gutschein auf dem Flyer gilt nur bei Vertragsabschluss und vor Studioeröffnung

Online- und Social Media Marketing

Eigene Homepage:

- Homepage gibt Informationen über aktuelle Angebote und Leistungen wieder
- Facebook-Account wird auf der Homepage verlinkt, damit eine größere Reichweite an möglichen Neukunden erzielt werden kann
- Homepage erstellen und gestalten

Facebook-Account:

- Facebook-Account erstellen und gestalten
- Social Media Account soll über aktuelle Angebote informieren und eine Plattform für Feedback- und Kritikschreiben bieten
- Homepage wird auf Facebook-Account verlinkt, damit sich die Leute intensiver über das Studio erkundigen können

Tabelle 9: Übersicht des Kampagnenzeitplans (eigene Darstellung)

Ausführungsdatum	Marketingplanung	Ausführende Kraft	„Deadline"
01.07.2018	Corporate Identy festlegen	Geschäftsführer	03.07.2018
03.07.2018	Flyer + Großflächenplakat gestalten	Marketingabteilung	05.07.2018
04.07.2018	Druckangebote für Flyer + Großflächenplakat einholen	Geschäftsführer Marketingabteilung	10.07.2018
10.07.2018	Homepage erstellen + gestalten	Geschäftsführer Marketingabteilung	14.07.2018
10.07.2018	Facebook-Account erstellen + Facebook-Seite gestalten	Marketingabteilung (→ von Geschäftsführer überprüfen lassen)	14.07.2018
14.07.2018	Anzeige für HAZ schreiben und gestalten	Marketingabteilung	17.07.2018

17.07.2018	Plakat + Flyer drucken und zukommen lassen	Geschäftsführer	24.07.2018
25.07.2018	Plakat an gemieteter Großflächenwand aufhängen lassen	Geschäftsführer Marketingabteilung	01.08.2018
26.07.2018	Anzeige in HAZ schalten	Geschäftsführer	01.08.2018
01.08.2018	Flyer in nahegelegenen Einkaufszentren/Supermärkten positionieren	Marketingabteilung	03.08.2018
02.08.2018	Flyerverteilung „Face-to-Face" Montag-Samstag :10-12Uhr+16-18Uhr	Marketingabteilung / eigene Mitarbeiter	31.08.2018
01.09.2018	**Studioeröffnung**	**Geschäftsführer**	**01.09.2018**

Anhand des sich auf dem Flyer befindlichen Gutscheincodes kann gemessen werden, wie viele Leute das Angebot wahrgenommen haben. Zudem wird jeder Neukunde gebeten, einen Fragebogen auszufüllen und zu beantworten, wie er auf das Studio aufmerksam geworden ist. Zuletzt kann der Erfolg an der Anzahl der Neumitglieder vor Studiobeginn gemessen und am gesetzten Ziel von 200 Leuten verglichen werden.

2.3 Werbeplanung

Das zur Verfügung stehende Werbebudget beträgt 20% des errechneten Jahresmarketingbudgets. Es wird folgende Rechnung aufgestellt: 20% * 72.000€ = 14.400€.

Abzüglich der internen Marketingkosten (Personal) von 2.400€ beträgt das externe Marketingbudget 12.000€.

Tabelle 10: Übersicht der Werbeplanung (eigene Darstellung)

Werbemittel	Werbeträger	Reichweite	Zielgruppe	Akzeptanz	Verweildauer	Budget
Plakat	Plakatwand	Ca. 167.000 Leute	Berufstätige und Familien, die oft unterwegs sind	25%	3 Monate	3.000€
Anzeige	Tageszeitung	Ca. 254.000 Leute	Berufstätige und Freizeitsportler	50%	1 Monat	8.500€
Flyer	Private Verteiler	Ca. 167.000 Leute	Berufstätige, Familien, Studenten und Freizeitsportler	33%	1 Monat	500€

2.4 Kostenkalkulation/Budgetvergleich bei der Werbeplanung

Tabelle 11: Übersicht der Kostenkalkulation (eigene Darstellung)

Werbemittel + Werbeträger	Aufwandskosten generell	Aufwandskosten speziell
Großflächenplakat auf Plakat-wand in Hannover Mitte (1)	Mietkosten pro Tag: 32,20€ beleuchtet	Plakat gestalten: Personal Produktionskosten: 98,20€ Mietkosten für 3 Monate: 2994,6€ beleuchtet
Anzeige in der Hannoverschen Allgemeinen Regional (2)	Anzeigenteil (3 Zusatzfarben) je mm: 24,03€	Anzeige gestalten: Personal Anzeigenteil (3 Zusatzfarben) 350mm: 8410,5€
Flyerverteilung durch eigene Mitarbeiter (3)	Flyer Din A5 beidseitig + farbig: 2000 Stück für 169,00€	Flyer gestalten: Personal Flyer Din A5 beidseitig + farbig: 2000 Stück für 169,00€
Personalkosten	Flyerverteilung + Gestaltungsarbeiten: 2.400€	
Summe	**14.072,3€**	
	→ Das Werbebudget wurde optimal genutzt, um eine größte mögliche Anzahl an Leuten zu erreichen. → Das Werbebudgetpuffer beträgt folglich 327,70€.	

Quellen:
(1) Crossvertise.de, 2017
(2) Hannoversche Allgemeine, 2017
(3) Prisma Hannover, 2017

Zum einen kann man an einem anderen Standort des Großflächenplakates durch niedrigere Mietpreise Kosten reduzieren. Zum anderen kann eine Werbeanzeige des Studios auch in regionalen Zeitungen oder in Magazinen geschaltet werden, die weniger Geld für die gleiche Größe verlangen.

2.5 Synergieeffekte im Rahmen der Kommunikationspolitik

Jedes Unternehmen versucht mit seinen Angeboten, Trainingsmöglichkeiten und Konzepten ökonomische Erfolge zu erzielen. Jedes dieser verschiedenen Unternehmenstypen spezialisiert sich auf bestimmte Zielgruppen, verliert jedoch dadurch den Großteil an Menschen, die nicht die Positionierung der Unternehmen teilen. Damit dies verhindert werden kann, sollten Synergien zwischen den einzelnen Unternehmenstypen hergestellt und gefördert werden. Demzufolge„[…] geht man […] davon aus, dass die geschickt koordinierte Zusammenarbeit zwischen verschiedenen Wirtschaftssubjekten, Unternehmen oder Unternehmensteilen, deren jeweilige Produktivität oder Effizienz in positiver Weise forciert" (Gründerlexikon, 2017). Ein möglicher Ansatz wäre ein Verlinken der anderen kooperierenden Studios auf den eigenen Homepages mit dem Ziel, die anderen Studios auch bei anderen Zielgruppen publik zu machen. Ein weiterer Punkt können gemeinsame (Rabatt-)Aktionen sein, um die Kunden in mehreren Kooperationsstudios zu einer günstigeren Mitgliedschaft zu verlocken, bei der sie beide oder mehrere Studios nutzen können. Desweiteren kann man Rabatte bei einem Studiowechsel zu einem Kooperationspartner einführen, damit die Kunden nicht an andere Wettbewerber verloren gehen. Zuletzt kann man bei Investitionen jeglicher Art (z.b. neue Kraftgeräte) sich zusammenschließen und bei Händlern oder Direktanbieter Vergünstigen durch diese Groß-/Masseneinkäufe aushandeln und Geld sparen, das wieder in andere Bereiche investiert werden kann.

3 Abschlussstatement

Meiner Meinung nach gibt die Stadt Hannover der Unternehmensgruppe wenig Möglichkeiten, den geplanten ökonomischen Erfolg zu erzielen und bietet somit eine geringe Attraktivität. Denn der Fitnessstudiomarkt bezüglich der Anzahl an Studios ist gesättigt und nur noch mehr Anbieter für Sportstätten würden die Leute in Hannover überfordern. Auf der anderen Seite würde die Unternehmensgruppe neue Fitness- und Sportmöglichkeiten anbieten, interessante Konzepte nach Hannover bringen und den Markt vielfältiger gestalten. Aufgrund des breiteren Angebotes, der Lage und der Anzahl der möglichen Interessenten sehe ich beim Gesundheitszentrum und bei Premium-Studio die größten Erfolgswahrscheinlichkeiten. Bezüglich der Lage hätte ich das Sportvereinseigene-Fitnessstudio an einem anderen Standort eröffnet.

4 Literaturverzeichnis

DHFPG: Marketing I, Präsenzphase, 2017: Arbeitsblätter für die Präsenzphase in München (20.11.2017-22.11.2017)

GFK Kaufkraft. (14. 12 2015). *Kaufkraft der Deutschen steigt 2016 um 2 Prozent.* Abgerufen am 25. Dezember 2017 von GfK GeoMarketing GmbH: http://www.gfk.com/de/insights/press-release/kaufkraft-der-deutschen-steigt-2016-um-2-prozent/

Hannover, I. u. (2017). *Kaufkraft- und Umsatzkennziffern zu Hannover.* Abgerufen am 25. Dezember 2017 von IHK: http://www.free-ihk-hannover.de/web/index.php?rubrik=sta_details&rubrik2=sta_kaufkraft&stadt=20000&referrer=sta_details

Montag, T. (kein Datum). *Synergien nutzen: Die Basis erfolgreicher Kooperation!* Abgerufen am 27. Dezember 2017 von Gründerlexikon:

https://www.gruenderlexikon.de/checkliste/informieren/kooperationen/synergien-nutzen/

Redaktion Hannovber. (20. Dezember 2017). *Strukturdaten der Stadtteile und Stadtbezirke.* Abgerufen am 25. Dezember 2017 von Hannover.de: https://www.hannover.de/Leben-in-der-Region-Hannover/Politik/Wahlen-Statistik/Statistikstellen-von-Stadt-und-Region/Statistikstelle-der-Landeshauptstadt-Hannover/Strukturdaten-der-Stadtteile-und-Stadtbezirke

Schinkel, A. (12. August 2017). *Wo wohnt es sich am schönsten?* Abgerufen am 03. Dezember 2017 von Hannoversche Allgemeine: http://www.haz.de/Hannover/Aus-der-Stadt/Uebersicht/Immobilienatlas-Wo-wohnt-es-sich-am-schoensten-in-Hannover

Schlaffke, W., & Plünnecke, A. (2017). *Studienbrief - Marketing 1.* Saarbrücken: Deutsche Hochschule für Prävention und Gesundheitsmanagement.

5 Abbildungs- und Tabellenverzeichnis

5.1 Abbildungsverzeichnis

5.2 Tabellenverzeichnis

BEI GRIN MACHT SICH IHR WISSEN BEZAHLT

- Wir veröffentlichen Ihre Hausarbeit,
  Bachelor- und Masterarbeit

- Ihr eigenes eBook und Buch -
  weltweit in allen wichtigen Shops

- Verdienen Sie an jedem Verkauf

Jetzt bei www.GRIN.com hochladen
und kostenlos publizieren